BEI GRIN MACHT SICH IHR WISSEN BEZAHLT

- Wir veröffentlichen Ihre Hausarbeit, Bachelor- und Masterarbeit

- Ihr eigenes eBook und Buch - weltweit in allen wichtigen Shops

- Verdienen Sie an jedem Verkauf

Jetzt bei www.GRIN.com hochladen und kostenlos publizieren

Bibliografische Information der Deutschen Nationalbibliothek:

Die Deutsche Bibliothek verzeichnet diese Publikation in der Deutschen Nationalbibliografie; detaillierte bibliografische Daten sind im Internet über http://dnb.d-nb.de/ abrufbar.

Dieses Werk sowie alle darin enthaltenen einzelnen Beiträge und Abbildungen sind urheberrechtlich geschützt. Jede Verwertung, die nicht ausdrücklich vom Urheberrechtsschutz zugelassen ist, bedarf der vorherigen Zustimmung des Verlages. Das gilt insbesondere für Vervielfältigungen, Bearbeitungen, Übersetzungen, Mikroverfilmungen, Auswertungen durch Datenbanken und für die Einspeicherung und Verarbeitung in elektronische Systeme. Alle Rechte, auch die des auszugsweisen Nachdrucks, der fotomechanischen Wiedergabe (einschließlich Mikrokopie) sowie der Auswertung durch Datenbanken oder ähnliche Einrichtungen, vorbehalten.

Impressum:

Copyright © 2017 GRIN Verlag
Druck und Bindung: Books on Demand GmbH, Norderstedt Germany
ISBN: 9783668732469

Dieses Buch bei GRIN:

https://www.grin.com/document/429223

Anonym

Social Media als Strategie. Verschafft die Nutzung von Facebook dem Unternehmen „Universität" einen Wettbewerbsvorteil?

GRIN Verlag

GRIN - Your knowledge has value

Der GRIN Verlag publiziert seit 1998 wissenschaftliche Arbeiten von Studenten, Hochschullehrern und anderen Akademikern als eBook und gedrucktes Buch. Die Verlagswebsite www.grin.com ist die ideale Plattform zur Veröffentlichung von Hausarbeiten, Abschlussarbeiten, wissenschaftlichen Aufsätzen, Dissertationen und Fachbüchern.

Besuchen Sie uns im Internet:

http://www.grin.com/

http://www.facebook.com/grincom

http://www.twitter.com/grin_com

Organisation und Kultur:

1. Einführung
These:

Social Media als Strategie – verschafft die Nutzung von Facebook dem Unternehmen „Universität" einen Wettbewerbsvorteil?

Organisationen sind in unserem Alltag allgegenwärtig. Beispielsweise Parteien, Regierungen, Vereine aber auch Universitäten bilden komplexe Systeme, für deren Genese unter anderem die Mitglieder und die dauerhafte Verfolgung eines gemeinsamen Ziels dringend erforderlich sind. Mit Systemen dieser Art werden wir täglich konfrontiert oder sind sogar selbst Mitglied und somit Teil der Organisation.

Für die weitere Bearbeitung sollte jedoch zunächst der Zusammenhang zwischen **Organisation**, **Kultur** und **Kommunikation** hergestellt werden. Die Annäherung an eine Definition von Organisation und Kultur erscheint in der verbreiteten Auffassung fast unmöglich, da beide eine hohe Komplexität aufweisen, mit welcher die Gefahr der Reduktion einhergeht. Denn „wenn es ein bestimmtes Merkmal des Begriffs der Kultur gibt, dann die verbreitete Auffassung, dass dieser Begriff nicht zu definieren ist. Wer es trotzdem versucht, zeigt damit, dass er dem Begriff nicht gewachsen ist" (vgl. Baecker 1997). Deswegen ist besonders die Aussicht auf Perspektivenvielfalt und deren Sensibilisierung von Nöten.

Organisation kann nach Weick lediglich als ein Mythos beschrieben werden, da man seiner These nach die Organisation nicht finden wird, wenn man explizit nach ihr sucht. Folglich existiert nicht „DIE" eine Organisation, vielmehr sollte vom Begriff des „organisierens" gesprochen werden.

Wie schon erwähnt, beruht die Konstitution von Organisationen auf Mitgliedschaft, sodass der Ein- und Austritt an bestimmte Bedingungen geknüpft ist und somit die Einteilung in Zugehörigkeit und Nichtzugehörigkeit sinnvoll scheint. **Kommunikation** ist hierbei das Mittel zur Annäherung der Mitglieder einer Organisation, denn erst durch Kommunikation wird Organisation und Kultur wahrnehmbar und untersuchbar. Sie kann dabei als intentional, gerichtetes Zeichenhandeln (Posner) und als wechselseitiges Sprachhandeln (Holly) verstanden werden.

2. Organisationstheorien

In Bezug auf das Entstehen, Bestehen und den Stellenwert von Kommunikation in Organisationen existiert eine Vielzahl verschiedener Theorien. In der ersten Hälfte des 20. Jahrhunderts entstanden im Zuge des klassischen Strukturalismus insbesondere technostrukturelle Ansätze, in denen Organisationen als hierarchisch strukturierte, statisch geschlossene und vor allem rationale Einrichtungen gesehen wurden.

Ein bekannter Ansatz dafür ist das „Scientific Management", welches auf Frederick Taylor zurückgeht. Dabei wurde hinsichtlich der Industrialisierung für die Arbeit in den Fabriken die grundsätzliche Nutzung exakter Methoden vorgeschlagen, um die Generierung von optimalen Arbeitsschritten zu gewährleisten. Im Fokus stand die Produktivitätssteigerung, welche durch die Berechnung und Vereinheitlichung von Arbeitsabläufen gesichert werden sollte. Dies übte jedoch permanenten, gesundheitsschädigenden Druck auf die Arbeiter aus, welche nur noch als „triviale Maschinen" verstanden wurden, die sich optimal in der Organisation einpassen mussten.

Neben Taylor ist die Herangehensweise des bürokratischen Modells von Max Weber zu nennen, welcher die Organisation allein als einsetzbares Instrument der Ablaufsicherung kennzeichnete. Gemäß des „Sender, Kanal, Empfänger-Modells" (Shannon/Weaver) übernahm die Kommunikation primär die Funktion der Koordination und Kontrolle, um die größtmögliche Organisationseffizienz zu erreichen.

Seit den 1920er Jahren kommt jedoch in Bezug auf diese Theorien Kritik auf, sodass sich Gegenentwürfe zum klassischen Strukturalismus entwickelten. Darunter fällt die „Human-Relations- Bewegung", bei deren Beginn in den Hawthrone Werken der Electric Company Versuche durchgeführt wurden, die als „Hawthrone-Experimente" bekannt sind und bei welchen die Zusammenhänge zwischen Arbeitsplatzbeleuchtung und der Arbeitsleistung untersucht wurden. Erstmals wurden psychische Faktoren und Arbeitsverhalten miteinander verknüpft, da speziell die Arbeitsmotivation und Arbeitszufriedenheit gestärkt werden sollte. Allerdings weisen diese Ansätze immer noch eine Aufrechterhaltung der „tayloristischen Prinzipien" auf, verbunden mit einer unrealistischen Sichtweise auf Kommunikation, die als „Allheilmittel" für alle Probleme innerhalb einer Organisation gesehen wurde.

Seit Ende der 1930er Jahre folgen dann vor allem systemische Ansätze, welche die Organisationen nicht mehr als statische Gebilde, sondern als prozesshafte Handlungen ansehen, die keiner speziellen Planbarkeit oder Rationalität unterliegen.

Die zunehmende Relevanz der Entscheidungen in diesen Ansätzen beschreibt das von Simon/March entwickelte „Mülleimer-*Modell*", bei dem Organisationen „hineingeworfene

Entscheidungen und Lösungen" sind, welche sich zufällig verbinden. Trotzdem gilt die Kommunikation noch nicht als zentraler Bestandteil von Entscheidung.

Es ziehen jüngere Ansätze nach, bei deinen die Entscheidungskommunikation immens in den Vordergrund rückt und Organisationen als dynamische Prozesse und sich reproduzierende Systeme verstanden werden. Nach Luhmann ist Kommunikation zentraler Teil der Entscheidung und ein dreigeteilter Prozess, der sich aus Information, Mitteilen und Verstehen ergibt. Die Organisation basiert auf Entscheidungen, welche Kern des Auswahl- und Selektionsprozesses sind und als sinnhafte Interpretationen für die Reduktion von Mehrdeutigkeit sorgen.

Im Anschluss an die vorangegangene Erläuterung der Relation zwischen Organisation, Kultur und Kommunikation, sowie der Überblick über die analytischen Perspektiven, steht nun die Bearbeitung der These im Raum, ob und wie sich die Universität durch die Nutzung von „Social Media", speziell Facebook, einen Wettbewerbsvorteil gegenüber anderen Universitäten verschaffen kann.

Zunächst bietet die Nutzung von Facebook als Kommunikationsmedium neue Wege und Formen, um Kommunikation aufzubauen. Denn neben der Mikrokommunikation, in der Anwesende untereinander in Interaktionen treten und sich somit „face-to-face" begegnen und der Makrokommunikation, die auf einer massenmedialen Grundlage entsteht, eröffnet Faeebook als soziales Medium eine neue Ebene, die der Mesokommunikation. Die Beteiligten/Rezipienten agieren dabei auf einer medial-materialen Grundlage, bei welcher allerdings im Gegensatz zur Makrokommunikation die Kommunikation nicht anonym massenhaft, sondern über lokale Adressabilität geprägt ist.

Doch wie und vor allem warum sollte die Universität auf dem Kommunikationsmedium Facebook vertreten sein?

Zunächst wird mit Blick auf die heutigen Marktstrukturen deutlich, dass die Wettbewerbsbedingungen für Universitäten immer komplexer werden. Neben der fortschreitenden Globalisierung und Internationalisierung, dem gesellschaftlichen Wandel und der steigenden Bedürfnisse der Stakeholder, rücken auch die sozialen Medien immens in den Vordergrund. Um diese Unsicherheiten abzuwehren und fehlenden Überblick zu vermeiden, kann die Universität Social-Media-Plattformen wie Facebook nutzen, um sich im Vergleich zu anderen Universitäten unterscheidbar machen. Dabei kann sie ihre Unternehmenskultur einerseits innerhalb der Universität wahrnehmbar machen und das „Wir-Gefühl" zu stärken und andererseits nach außen eine eindeutige, konsistente und widerspruchsfreie Außendarstellung erzeugen.

Unter „Unternehmenskultur" versteht man dabei die gemeinsam geteilten Werte, Normen, Maßstäbe und Ideale aller Universitätsmitglieder. So kann man sich zum Beispiel fragen, wie in einer Universität gesprochen wird oder ob einheitliche Kleiderordnungen und gesetzte Rituale vorgeschrieben sind.

Nach Luhmann bewältigt Unternehmenskultur Probleme, die nicht über Anweisung gelöst werden können. Sie ist vielmehr „ein Muster gemeinsamer Grundprämissen, das die Gruppe bei der Bewältigung ihrer Probleme externer Anpassung und interner Integration erlernt hat, das sich bewährt hat und somit als bindend gilt". Sie ist außerdem nicht anordbar und kann nicht vorschnell geändert werden, unterliegt also keiner „freien" Gestaltbarkeit.

Gemäß der Spielmetapher nach Grubendorfer kann Unternehmenskultur als Spielregeln verstanden werden. Denn analog zu einem Gesellschaftsspiel mit Spielregeln, gibt es auch in einer Universität gewisse Verhaltensregeln, welche von den Mitgliedern zu beachten sind.

Die Mitspieler im Spiel sind demnach die Akteure in einer Universität. Es gibt offizielle und weitere Regeln, die jeder kennen sollte, um mitspielen zu können. Fundamental wichtig ist die Austauschbarkeit der Mitglieder, die aber dennoch essentiell für die Universität sind.

Somit ist Kultur in einer Universität die Menge an Spielregeln, die als selbstverständlich vorausgesetzt und angewandt werden und die erst ins Bewusstsein treten, wenn sie verletzt werden. Ein Aspekt der Unternehmenskultur ist die Bildung einer individuellen und zur Universität optimal passenden Corporate Identity, um die Orientierung und Sicherheit zu gewährleisten. Die Corporate Identity macht die Universität in ihrer Spezifik erkennbar und beeinflusst Außenstehende dahingehend in welcher Weise die Universität für sie wahrnehmbar wird.

In Bezug darauf sollte die Universität sich zunächst darüber einig sein, wie sie sich selbst sehen (will) und wie sie von anderen gesehen wird oder gerne gesehen werden würde. Dabei generiert das Corporate Identity Management das Bild von der Universität als Einheit und ist nach Herbst die „systematische und langfristige Gestaltung des gemeinsamen Selbstverständnisses eines Unternehmens über seine Unternehmenspersönlichkeit".

Sowohl die Corporate Identity als auch das Corporate Design, also das visuelle Erscheinungsbild, können über Facebook vermittelt werden. Das Layout und Navigationsmenü ist zwar von Facebook selbst vorgegeben, allerdings können Profil- und Titelbilder und die Art der Beiträge individuell gestaltet werden. Beispielsweise kann das Uni-Logo als Profilbild genutzt oder spezielle Schriftarten und Farben angepasst werden. Zieht man für die weitere Bearbeitung das „mission statement" der Plattform Facebook heran ("to give people the power to share and make the world more open and connected."), wird deutlich, welche Verpflichtung sich das Unternehmen Facebook auferlegt und welche Potentiale sich dabei für die Universität bieten. Denn durch die hohe Reichweite von Facebook hat die Universität vor allem die Möglichkeit ihren Aktionsradius auszubauen und Studenten aus aller Welt zu erreichen.

Dabei kann Facebook von der Universität als vermittelnde Plattform für Informationen für Schüler und Bewerber genutzt werden, indem sie mit einer Verlinkung zur eigenen offiziellen Homepage verweist oder einzelne Studiengänge und Informationsveranstaltungen direkt auf der Facebook-Seite vorstellt. Hierbei kann auch auf Servicedienste (Studienberatung) verwiesen oder Tipps für das Bewerbungsverfahren und somit Hilfestellungen für potentielle Studenten geboten werden.

Da die Universität für die jungen Menschen oft noch sehr fremd ist, bietet Facebook eine ideale Möglichkeit, Präsenz zu zeigen und sich aktiv um die Annäherung an die Studieninteressierten zu kümmern und somit die „Distanz zur Hochschule aufzubrechen". (Stefanie Terp, TU-Pressestelle, im Tagesspiegel). Denn in der Orientierungsphase während der Studienwahl läuft der Erstkontakt mit Universitäten durch Studieninteressierte meist über Facebook, sodass gerade die jüngeren Zielgruppen, wie Schüler und Studienorientierte gut über diese Plattform zu erreichen sind.

Allerdings ist dabei zu beachten die Inhalte der Beiträge an die Zielgruppen anzupassen. Es können einerseits für die Bewerber und andererseits für die bereits immatrikulierten Studenten Beiträge geteilt werden. So können sowohl Themen gepostet werden, die besonders innerhalb der Universität und für ihre Mitglieder relevant sind, wie beispielsweise die Bestreitung des Uni-Alltags, Erfolge und Projekte von Studenten oder bevorstehende und vergangene Veranstaltungen, als auch für Rezipienten außerhalb der Universität, wie die Unterstützung bei der Wohnungssuche für Studienanfänger oder Informationen zu Finanzierungsmöglichkeiten. Selbstverständlich überschneiden sich die Interessen dieser beiden Zielgruppen, dennoch muss sich die Universität darüber bewusst sein, dass diese beide existieren.

Über die von Facebook generierte „Chat-Funktion" können dringende Fragen direkt beantwortet werden und durch die unkomplizierte Kommentarfunktion unter den Beiträgen kann der aktive Austausch unter den Studenten verstärkt werden. Hierbei können sich eigene Dynamiken unter den Studierenden entwickeln, denn über die „persönliche" und lockere Kommunikation können sie sich austauschen und bestenfalls Hinweise von und für Studenten und gegenseitige Erfahrungen bezüglich des Studienstandortes oder Freizeitthemen austauschen.

Es ist festzuhalten, dass Facebook der Universität „bei richtiger Nutzung" einen Wettbewerbsvorteil verschaffen kann, richtige Nutzung bedeutet hierbei die eben genannten Potentiale von Facebook zu seinem eigenen Vorteil zu nutzen und sich über die Aktualität sozialer Medien im Allgemeinen bewusst zu sein. Dabei ist jedoch nicht Quantität, sondern Qualität der Beiträge und das Level an Interaktion mit den Stakeholdern gemeint. Um den Kontakt mit den Studenten aufrecht zu erhalten und vor allem nicht „ziellos", sondern kompakt zu posten, sollten die Studenten selbst die Facebook- Seite mitgestalten dürfen, da sie selbst am besten wissen, welche Beiträge für Kommilitonen interessant sind. Darüber hinaus können die Studenten sich mit ihrer Universität besser identifizieren, wenn sie Anteile an Entscheidungen haben, welche die Universität betreffen.

Literaturverzeichnis

Baecker, Dirk (1997): „Durch diesen schönen Fehler mit sich selbst bekannt gemacht. Das Experiment der Organisation." In: Riskante Strategien. Beiträge zur Soziologie des Risikos. S. 249-271.

Domke, Christine (2014): Die Betextung des öffentlichen Raumes. Eine Studie zur Spezifik von Meso-Kommunikation am Beispiel von Bahnhöfen, Innenstädten und Flughäfen. Heidelberg: Winter.

Grubendorfer, Christina (2016): Einführung in systemische Konzepte der Unternehmenskultur. Heidelberg: Carl-Auer Systeme Verlag und Verlagsbuchhandlung.

Herbst, Dieter (2009): Das professionelle 1 x 1: Corporate Identity. Cornelsen Verlag Scriptor: 4. Auflage.

Kieser, Alfred (2001): Organisationstheorien. Stuttgart: Kohlhammer-Verlag.

Luhmann, Niklas (2000): Organisation und Entscheidung. Opladen/Wiesbaden: Westdeutscher Verlag.

Menz, Florian, Andreas P. Müller (2008): Organisationskommunikation. München: Hampp-Verlag.

Weick, Karl E. (1985): Der Prozess des Organisierens. Frankfurt/ Main: Suhrkamp-Verlag.

BEI GRIN MACHT SICH IHR WISSEN BEZAHLT

- Wir veröffentlichen Ihre Hausarbeit, Bachelor- und Masterarbeit

- Ihr eigenes eBook und Buch - weltweit in allen wichtigen Shops

- Verdienen Sie an jedem Verkauf

Jetzt bei www.GRIN.com hochladen und kostenlos publizieren